GESTIONE PER OBIETTIVI

Ottenere il meglio dai propri dipendenti

50MINUTES.com

GESTIONE PER OBIETTIVI

Ottenere il meglio dai propri dipendenti

scritto da Renaud de Harlez
tradotto par Sara Rossi

GESTIONE PER OBIETTIVI 4

TEORIA DEL CONCETTO 7

Chi lo usa? 7
Quale versione utilizzare? 8
Questo sistema è davvero efficace? 10
Il ruolo dei dipendenti nell'MBO 12

LIMITI ED ESTENSIONI DEL MODELLO 14

Limiti e critiche del modello 14
Estensioni e modelli simili 16

APPLICAZIONI DEL CONCETTO 19

Consigli 19
Caso di studio 22

SINTESI 26

ULTERIORI LETTURE 28

Bibliografia 28

GESTIONE PER OBIETTIVI

- **Nome:** Gestione per obiettivi (MBO), Project Management, gestione per risultati

- **Utilizzi:** Il modello viene utilizzato nel mondo delle imprese da direttori delle risorse umane, direttori commerciali, direttori operativi, project manager, consulenti interni ed esterni, ecc. Ad esempio, consente di:

  - I manager possono fissare obiettivi precisi per i compiti da svolgere all'interno dell'azienda, analizzare i risultati e assegnare premi in base alle prestazioni;

  - I colleghi devono porsi degli obiettivi di performance.

- **Perché ha successo?** Questo stile di gestione è efficace perché fornisce ai dirigenti un quadro di riferimento per negoziare con i dipendenti, stabilire una linea d'azione e fissare gli obiettivi da raggiungere. In questo modo si fa chiarezza sull'intera gerarchia dell'azienda. Inoltre, quando un dipendente accetta di essere incaricato di obiettivi più complicati, questo sistema porta a un livello di prestazioni superiore rispetto a chi riceve obiettivi più semplici.

- **Parole chiave:** Gestione, obiettivi, tecniche di gestione

La gestione per obiettivi è nata nel contesto della crescita economica. Mal organizzate in precedenza, molte aziende americane hanno visto un'espansione e un decentramento a partire dagli anni Cinquanta. Ciò ha richiesto un ripensamento a livello strutturale.

Il processo MBO è stato definito da Peter Drucker (austriaco-americano teorico del management, 1909-2005), mentre osservava l'organizzazione di aziende come la General Motors. Nel 1954 pubblicò l'opera *La pratica del management*. Uno dei capitoli, *Management by Objectives e Self Control*, fornisce la prima definizione del modello. Quindici anni dopo, John Humble (consulente inglese) aggiunse il suo contributo al modello proponendo un metodo MBO.

Infine, Octave Géliner (economista francese, 1916-2004) ha proposto una sua versione dell'MBO: la Gestione partecipativa per obiettivi. Questa si basa su tre elementi: conoscenza degli obiettivi, struttura e procedure di partecipazione. L'MBO ha assunto una nuova forma ed è diventato un sistema di gestione, non solo di organizzazione.

 **DEFINIZIONE**

La gestione per obiettivi (MBO) è un processo in cui la direzione e i dipendenti definiscono gli obiettivi e negoziano le azioni e le scadenze necessarie per raggiungerli.

L'MBO è uno strumento a disposizione dei manager per creare un quadro di negoziazione con i dipendenti. È progettato per incrementare le prestazioni di un'organizzazione, trasformando gli obiettivi collettivi in obiettivi specifici e precisi, a beneficio sia dell'unità organizzativa che dei singoli dipendenti. I risultati vengono rivisti regolarmente e i singoli vengono ricompensati di conseguenza. Questo è l'unico processo di gestione che responsabilizza i dipendenti, in quanto l'MBO consente loro di organizzare il proprio lavoro in modo adeguato. Quando i dipendenti partecipano alla definizione degli obiettivi, sono più motivati e si assicurano di raggiungere i propri obiettivi.

TEORIA DEL CONCETTO

CHI LO USA?

Dai manager agli amministratori delegati (in diversi settori della gestione come il marketing, la finanza e le risorse umane), tutti coloro che occupano una posizione dirigenziale possono implementare la gestione per obiettivi all'interno della propria organizzazione. Come già detto in precedenza, l'MBO è il processo in cui la direzione e i dipendenti definiscono insieme gli obiettivi e negoziano i mezzi e le scadenze necessarie per raggiungere i risultati.

Nato dal lavoro di Peter Drucker, l'MBO e il suo utilizzo variano notevolmente a seconda dell'autore che lo ha concepito.

In generale, sono state create due versioni:

- L'MBO può essere interpretato in modo "tecnocratico", concentrandosi quindi sugli obiettivi finanziari. Tutto si focalizza sui ricavi delle vendite, sui costi o sui budget. Ogni reparto stabilisce i propri obiettivi numerici. Quando uno di questi obiettivi non viene raggiunto, la colpa ricade sui manager – in questo caso i manager e la direzione generale dell'MBO – senza che altri obiettivi vengano messi a rischio. Ad esempio, questi obiettivi possono essere stabiliti durante la stesura del budget: ogni reparto può stabilire i propri obiettivi precisi, che saranno rivisti entro un tempo stabilito (ad esempio, su base trimestrale).

- La seconda versione dell'MBO si concentra sulle relazioni manageriali. Si tratta di creare un accordo formalizzato tra manager e dipendenti. La sfida dell'MBO in questo contesto è che non stabilisce obiettivi e non fornisce nemmeno un piano generale. Questi due fattori sono più che altro una base per valutare il lavoro svolto dal manager e dai dipendenti. In questo caso, l'applicazione dell'MBO è riservata a settori come le risorse umane, dove non sono richiesti obiettivi precisi. I colloqui (organizzati reciprocamente) prevedono un tempo specifico per discutere gli obiettivi dei dipendenti e gli obiettivi che non sono necessariamente fissati data la strategia globale dell'azienda e la sua visione iniziale. Questi vengono stabiliti in base ai punti deboli e forti dei dipendenti. Tutto si riduce alla comunicazione.

QUALE VERSIONE UTILIZZARE?

Meglio privilegiare la pianificazione finanziaria o le relazioni di gestione? Se queste due versioni non sono compatibili, è difficile applicarle contemporaneamente. Ma soprattutto, l'MBO è uno strumento messo in atto per i partecipanti – manager, amministratori delegati e direttori generali. Spetta a loro scegliere la versione più adatta dell'MBO.

Che cos'è un programma MBO?

Gli ingredienti principali di un programma di gestione per obiettivi sono quattro:

- (A) convalida degli obiettivi specifici

- (B) processo decisionale partecipativo

- (C) un lasso di tempo stabilito dall'inizio

- (D) feedback sulle prestazioni.

A titolo di esempio, consideriamo un'azienda che voglia ampliare le proprie attività.

- Per raggiungere questo obiettivo è necessario stabilire obiettivi specifici e precisi (A). Un aeroporto, ad esempio, potrebbe utilizzare il programma MBO per determinare quanto è necessario per incrementare il numero di clienti del 3,5%, al fine di aumentare il numero di gate di imbarco da 12 a 14 nel corso dell'anno. Può anche pianificare come rilanciare l'attività cargo acquistando nuovi edifici e rinnovando cinque dei suoi vecchi aerei.

- Il processo decisionale deve essere partecipativo (B). I manager dei diversi dipartimenti dell'aeroporto dovrebbero decidere insieme quali obiettivi fissare e i tempi necessari per raggiungerli.

- I dirigenti stimano che, per gli obiettivi prefissati, saranno necessari tre anni. I tempi sono stati quindi stabiliti fin dall'inizio.

- Infine, per questo programma è necessario programmare una valutazione delle prestazioni (D) relativa agli obiettivi. I direttori aeroportuali organizzeranno incontri con i manager sui progressi dei dipendenti nei loro dipartimenti. Questo viene fatto solo alla fine del periodo di tempo specificato per il raggiungimento degli obiettivi. I dirigenti e i dipendenti devono fissare regolarmente obiettivi precisi per misurare e controllare i propri sforzi. Le riunioni di feedback vengono organizzate dopo aver analizzato l'andamento del programma e aver ricevuto il parere dei dirigenti e dei loro subordinati. Durante le riunioni di feedback possono essere assegnati anche dei premi.

QUESTO SISTEMA È DAVVERO EFFICACE?

Non esiste una risposta semplice a questa domanda. Alcune pubblicazioni non sostengono il modello MBO. Tuttavia, la maggioranza concorda con la seguente affermazione: l'applicazione dell'MBO in alcuni casi può avere un effetto positivo sulle prestazioni dei lavoratori.

È essenziale che i lavoratori siano concordi con gli obiettivi stabiliti. Se lo sono, una definizione di obiettivi ancora più elevati porterà sempre a prestazioni migliori rispetto a quelle ottenute con obiettivi più semplici. Anche se i dipendenti che hanno accettato gli obiettivi non li raggiungono sempre, il loro livello di prestazione sarà comunque più alto. Per ottenere questo risultato è necessario considerare tre fattori:

- **L'importanza del feedback.** Per migliorare le prestazioni, un feedback efficace deve essere fornito al momento giusto e alla persona interessata. Permette di misurare e rendersi conto degli sforzi compiuti dall'individuo, ma anche di aggiustare il livello di difficoltà degli obiettivi, se troppo alto o troppo basso.

- **Partecipazione.** Gli obiettivi prefissati vengono raggiunti più spesso quando sono stati stabiliti dalla direzione o attraverso la collaborazione? Per quanto possa sembrare sorprendente, gli studi hanno dimostrato che non vi è alcuna differenza tra i due casi. Gli obiettivi decisi in modo collaborativo o quelli stabiliti dalla direzione portano entrambi a risultati simili. Per questo motivo la partecipazione non è un fattore determinante. L'importante è che i dipendenti accettino gli obiettivi, senza necessariamente contribuirvi. È tuttavia necessario sottolineare che la decisione degli obiettivi in modo collaborativo consente di coinvolgere i singoli individui, che a volte si pongono obiettivi più elevati di quelli che i dirigenti potrebbero avere.

- **Coinvolgimento dei dirigenti.** È inoltre fondamentale che i direttori dell'azienda siano coinvolti nel processo, in quanto ciò dà ai manager responsabili dei reparti la fiducia necessaria per il raggiungimento degli obiettivi.

IL RUOLO DEI DIPENDENTI NELL'MBO

Imparerai che per migliorare le prestazioni in un'azienda che utilizza l'MBO è necessario che i dipendenti riconoscano gli obiettivi prefissati. È altrettanto importante che i manager di ogni reparto spieghino chiaramente le azioni necessarie per raggiungerli. La definizione di questi obiettivi è un'abilità manageriale di prim'ordine. Per farlo, è necessario seguire alcuni passaggi:

Cosa devo fare?

A ogni dipendente vengono assegnati compiti e obiettivi da portare a termine. L'assegnazione può basarsi, ad esempio, sulle qualifiche dei dipendenti.

Come posso motivare i miei dipendenti?

Innanzitutto, è importante stabilire il livello di prestazione dei dipendenti interessati. In seguito si possono stabilire gli obiettivi da raggiungere e il periodo di tempo a disposizione per completarli. Il manager deve sempre essere realistico nello stimare il tempo necessario per il loro completamento.

Coinvolgere attivamente il dipendente

Anche se l'ultimo capitolo ci ha insegnato che il livello di performance dei dipendenti non varia se gli obiettivi sono fissati dalla direzione o in collaborazione, il coinvolgimento dei dipendenti offre un vantaggio: gli obiettivi verranno accettati più facilmente. Questo coinvolgimento deve essere però sincero. Se un manager si prende il tempo di consultare i dipendenti quando stabilisce gli obiettivi, dovrebbe effettivamente ascoltare le loro opinioni. Non farlo potrebbe avere un effetto negativo sulle prestazioni.

Dare priorità ai propri obiettivi

È importante ordinare gli obiettivi prefissati in ordine di difficoltà e importanza, per assicurarsi che i dipendenti li affrontino di conseguenza. Da un lato, questo evita che alcuni dipendenti accettino solo i compiti più facili e abbandonino gli altri. Dall'altro, è anche un modo per riconoscere le persone disposte ad affrontare i compiti più difficili (anche se alla fine non vengono raggiunti).

L'importantissimo feedback

Un feedback regolare, attraverso incontri organizzati tra individui e manager per valutare il lavoro svolto fino a quel momento. In questo modo, i dipendenti sapranno se i loro sforzi sono sufficienti per i compiti loro assegnati.

La ricompensa finale

In cambio dei loro sforzi, i dipendenti attendono una ricompensa. Tuttavia, è importante far capire loro che le ricompense sono legate al numero di obiettivi portati a termine, non solo al numero di ore dedicate ad essi. In questo modo, il livello di soddisfazione dei dipendenti tende ad aumentare.

LIMITI ED ESTENSIONI DEL MODELLO

LIMITI E CRITICHE DEL MODELLO

* **L'incertezza del settore.** L'MBO presenta alcuni limiti se applicato a un settore troppo instabile. Difatti, stabilire il modello lo complicherebbe a tal punto da renderlo inefficace. Ad esempio, i settori legati alla creatività (ad esempio, innovazione, ricerca e sviluppo, produzione artistica) sono incompatibili con il modello, in quanto risulta difficoltoso definire gli obiettivi. Un ricercatore può davvero organizzare la propria ricerca in base a obiettivi prefissati? Considerando la natura del suo lavoro, gli obiettivi sarebbero irrilevanti.

* **L'evoluzione delle strutture lavorative.** Le aziende si stanno lentamente allontanando dalle strutture tradizionali: i lavoratori diventano più versatili, dipendono sempre più da altri per gli obiettivi che sono stati loro assegnati, sono ora assegnati a più sezioni dell'organigramma, ecc. Questi cambiamenti mettono a rischio l'MBO, poiché i lavoratori non sono più gestiti da un'unica persona e questo ne complica notevolmente l'uso.

* **L'evoluzione degli ambienti di lavoro.** Dalla creazione dell'MBO la nostra società ha visto molte evoluzioni. All'inizio, i manager disponevano piani a lungo termine

che si dimostravano sistematicamente troppo ottimistici. Inoltre, nel frattempo le crisi si sono moltiplicate (ad esempio, la crisi energetica all'inizio degli anni Settanta o la crisi finanziaria del 2009). Queste evoluzioni, tra cui molti progressi tecnologici, hanno sconvolto l'ordine esistente e, quindi, le visioni dei manager. I piani stabiliti in anticipo non sono più adatti.

Al di là dei limiti strutturali del processo, l'MBO ha i suoi critici. È il caso di William Edwards Deming (medico e statistico statunitense, 1900-1993). Secondo la sua opinione, l'applicazione dell'MBO ha un impatto negativo sulla qualità del lavoro dei dipendenti. Il dipendente cerca di portare a termine l'obiettivo prefissato a qualsiasi costo, senza prestare attenzione alla qualità del lavoro. Altri sostengono che se l'MBO motiva i risultati personali, ciò non è necessariamente vantaggioso per il team nel suo complesso: il dipendente rischia di concentrarsi troppo sui compiti che ha, dimenticando gli obiettivi generali dell'azienda.

In pratica, è possibile risolvere alcuni di questi problemi. Per farlo, i manager devono insistere sulla qualità di tutto il lavoro. Ad esempio, un venditore di auto non deve considerare solo il numero di auto vendute, ma anche il numero di vendite di modelli di fascia alta. Per evitare questi risultati, i manager devono sempre supervisionare le attività e rivedere gli obiettivi per assicurarsi che siano ancora pertinenti.

ESTENSIONI E MODELLI SIMILI

Obiettivi SMART

Si tratta di un dispositivo mnemonico utilizzato in concerto con il modello MBO. Il metodo SMART è spesso utilizzato dai manager per la realizzazione dei propri progetti. Può anche essere integrato nella gestione per obiettivi. Un obiettivo comprende un indicatore in base al quale è possibile misurare le prestazioni individuali e collettive. Questo indicatore di performance deve essere specifico, misurabile, raggiungibile, realistico e limitato nel tempo. In altre parole, un obiettivo deve essere SMART.

Gestione partecipativa

Questo approccio gestionale va contro la visione scientifica del lavoro e si concentra sulla visione ristretta delle persone. La gestione partecipativa si basa sull'idea che il lavoratore non è uno strumento, ma un soggetto psico-emotivo. L'azienda è anche un luogo in cui si creano rappresentazioni sociali. I teorici di questo concetto confermano l'importanza di sviluppare una "dimensione umana" dell'azienda. Ciò potrebbe avvenire tramite circoli partecipativi o cassette dei suggerimenti. Il punto di questa evoluzione è che i manager sono in grado di raggiungere più facilmente i propri obiettivi se coinvolgono il team stesso. Per implementare questo metodo di gestione, è necessario osservare i principi legati alla gestione equa.

Gestione equa

I principi di una gestione equa si basano su un equilibrio tra performance economica e rispetto per l'individuo. Questa percezione mira a stabilire un rapporto win-win tra dirigenti e dipendenti. Scegliendo questo tipo di gestione, l'azienda cerca di stabilire una dinamica ambiziosa e coesa, che sia anche significativa e basata su un'organizzazione chiara, adattata, coerente e progressiva. Il principale vantaggio di questo metodo è l'utilizzo dell'energia e del talento del team. Le relazioni interpersonali si fondano sul rispetto e sul riconoscimento reciproco, non su una gerarchia. Infine, la gestione equa incoraggia un management proattivo, capace di apportare cambiamenti efficaci e dotato di un forte senso dell'etica e della responsabilità sociale.

Gestione basata sul valore

Questo tipo di gestione è apparso prima dell'MBO. È una teoria basata sull'idea di cultura aziendale. È importante sapere che questo tipo di gestione non è progettato per cambiare i valori dell'azienda e non si tratta di cambiare la cultura aziendale. Il punto principale della gestione basata sui valori è invece l'uso della cultura all'interno dell'azienda per migliorare le prestazioni.

Gestione basata sulle competenze

Come dice il nome, questo tipo di gestione si basa sulle competenze di ogni individuo che guida l'azienda, senza gestirle o svilupparle. È necessario che ogni dipendente sviluppi una o poche competenze particolari a beneficio della struttura che lo impiega. Lo scopo di questo approccio è rafforzare il capitale umano del team, il che richiede un buon lavoro nelle risorse umane: l'enfasi è sulle competenze dei singoli dipendenti che vengono utilizzate per il bene del team.

APPLICAZIONI DEL CONCETTO

CONSIGLI

Questo capitolo raccoglie le fasi messe in atto per applicare efficacemente il processo di gestione per obiettivi. Esempi concreti di applicazione dimostrano ogni fase.

Formulazione dell'obiettivo

Questo primo passo consiste nel delineare l'esatto risultato da raggiungere e nell'elaborare un metodo di valutazione che possa misurare e verificare in che misura sia stato appunto raggiunto. In questa fase, il processo di riflessione può essere guidato da tre domande: chi, cosa, quando. .

Esempio:

- **Chi?** Un sito web per ordinare i pasti online.

- **Cosa?** Vuole aumentare la sua clientela del 15%.

- **Quando?** Entro un anno.

Definizione degli obiettivi

L'obiettivo esemplificativo può essere ristretto specificando il corso d'azione, gli strumenti e il supporto necessari per raggiungerlo. Ad esempio, uno o alcuni manager vengono nominati per realizzare l'obiettivo o gli obiettivi e vengono fissate delle scadenze intermedie.

Esempio: Il nostro sito web per l'ordinazione di pasti decide di utilizzare la pubblicità online per raggiungere il suo obiettivo.

- Viene scelto un manager per monitorare l'acquisto di spazi pubblicitari sui siti collegati a Google.

- Alla fine dei primi tre mesi è prevista una prima valutazione dei progressi.

Sei regole per garantire il corretto utilizzo del piano

Oltre a fissare gli obiettivi, è importante seguire queste sei regole:

- chiarezza

- rilevanza

- misurabilità

- scadenza

- raggiungibilità

- accettazione.

Esempio: Nel caso della nostra azienda, il responsabile del reparto pubblicità deve porsi tutte le seguenti domande.

- Il risultato atteso è concreto, identificabile, comprensibile e lascia spazio all'interpretazione?

- È pertinente alla politica aziendale e coerente con le altre decisioni?

- Comprende misure di indicazione che lo rendono controllabile?

- La scadenza è una data precisa per il raggiungimento dell'obiettivo generale o vi sono scadenze individuali per ciascuna linea d'azione?

- I mezzi delle azioni intermedie sono sufficienti (fase di specificazione) e i manager sono in grado di realizzarli?

- Le persone responsabili della realizzazione degli obiettivi sono d'accordo?

Il controllo di questi fattori può avvenire in due modi: la regolazione del processo e il monitoraggio dei progressi.

Una volta poste tutte queste domande, il manager può contattare il proprio team per organizzare riunioni che incoraggino il processo decisionale partecipativo. Nel caso dell'azienda in esempio, verranno organizzate riunioni con l'intero team di marketing. Ognuno potrà quindi esprimere le proprie idee da mettere in atto. In questa fase è fondamentale ricordare l'importanza di queste riunioni. Il manager che le ha preparate e organizzate si aspetta benefici reali che contribuiscano al raggiungimento dell'obiettivo aziendale.

Feedback

Questo feedback non deve avvenire solo alla fine del periodo di tempo concesso per raggiungere gli obiettivi. Si possono programmare incontri regolari durante tutto il processo per monitorare il raggiungimento

degli obiettivi stabiliti in base al carico di lavoro asse-
gnato ai dipendenti.

Esempio: Vengono organizzate riunioni periodiche tra il
manager responsabile del progetto pubblicitario e gli
altri direttori. In queste riunioni si valuta se le risorse
assegnate al reparto siano sufficienti per raggiungere
gli obiettivi prefissati.

Premi

Se il lavoro svolto è di buona qualità può essere pre-
miato. Inoltre, è importante che il dipendente a cui sono
stati assegnati gli obiettivi capisca che la ricompensa
è direttamente collegata al loro completamento.

CASO DI STUDIO

Vediamo un esempio di applicazione dell'MBO e del
management in generale in due aziende oggi riconosciute
a livello mondiale. Noterai come queste applicazioni
possano essere molto diverse a seconda di come i
manager hanno applicato le teorie legate all'MBO.

Apple

Tra il 1997 e il 2001, quando Steve Jobs (1955-2011) era
direttore di Apple, la strategia organizzativa dell'azienda
si basava su una forte centralizzazione delle informazioni. Tutti ricevevano ordini dalla stessa persona, che
faceva circolare le informazioni come voleva l'azienda.
In termini di MBO, gli obiettivi venivano fissati da una

sola persona, che poi trasmetteva le richieste a ciascuno dei manager:

- gli obiettivi dei dirigenti, che dipendevano direttamente dalla persona al vertice della gerarchia aziendale, erano fissati dai loro superiori;

- i dipendenti seguivano gli ordini dei loro dirigenti.

I dirigenti hanno beneficiato di una scarsa libertà di scelta su come raggiungere i propri obiettivi.

Questo metodo si è dimostrato efficace e veloce. In caso di errore:

- i responsabili possono individuare rapidamente l'area in cui è stato commesso l'errore;

- l'impatto sul comportamento dei dipendenti dei diversi reparti è stato diretto: questo tipo di evento plasma la cultura aziendale e costringe i dipendenti a realizzare il prodotto finito.

Tuttavia, questo modello ha dei limiti. Ad esempio, è difficile per la persona che gestisce l'azienda controllare ogni aspetto, soprattutto quando i prodotti offerti sono così vari. La prova è che i prodotti Apple non sono tutti della stessa qualità: l'Apple TV di prima generazione o MobileMe hanno avuto meno successo degli altri prodotti dell'azienda.

Google

Il metodo Google, pioniere del "Management 2.0", offre un'applicazione dell'MBO molto diversa dal primo esempio.

L'azienda è sempre stata nota per la sua politica di reclutamento che favorisce fortemente gli accademici. I suoi fondatori, i geniali ingegneri informatici Larry Page e Serguëi Brin, entrambi nati nel 1973, sono gli stessi selezionatori. Per un certo periodo il criterio principale per ottenere un lavoro all'interno dell'azienda era il possesso di un dottorato, che avrebbe garantito l'autonomia dai dipendenti. In effetti, gli accademici sono abituati a lavorare da soli e a rimanere produttivi. Il sistema di Google è molto più decentralizzato rispetto alla maggior parte delle altre aziende: invece di basarsi sulla gerarchia, si basa su un gran numero di individui. Per certi versi, questo sistema è stato molto efficace perché ha permesso a Google di sviluppare una serie di servizi come Gmail o Google Reader. La necessità di un'organizzazione generale e gerarchica è minore perché il sistema si basa sulla capacità di ogni individuo di stabilire i propri obiettivi.

Ancora una volta, questo sistema presenta dei difetti. Un'azienda decentrata, senza una direzione coordinata, in continuo movimento e che vanifica gli sforzi fatti, può trasformarsi in un disastro. In questo caso, si sono visti i limiti principali:

- Nello svolgimento di alcuni progetti dell'azienda. Ad esempio, alcuni servizi non avevano interlocutori ben definiti e sembravano dispersivi.

- Quando l'azienda è cresciuta ed è stato necessario rivedere il sistema organizzativo. Da allora Google ha smesso di assumere solo dottorandi. Anche i metodi di gestione e il processo di definizione degli obiettivi sono cambiati.

SINTESI

- La gestione per obiettivi (MBO) è un processo in cui i manager di linea e i loro collaboratori stabiliscono gli obiettivi e negoziano le azioni e i tempi necessari per raggiungerli.

- Questo concetto è apparso per la prima volta negli anni Cinquanta, quando le aziende americane avevano grandi difficoltà a stabilire un'organizzazione chiara.

- Libri di riferimento: *Management by Objectives* di Peter Drucker, *Management by Objectives in Action* di John William Humble e *Direction participative par objectifs* di Octave Gélinier.

- Vantaggi: se l'MBO viene applicato correttamente, può migliorare le prestazioni di un'organizzazione e la soddisfazione dei dipendenti.

- Svantaggi: questo tipo di gestione è difficile da applicare in un ambiente instabile e non è in grado di adattarsi alle evoluzioni dell'ambiente di lavoro.

- Estensioni: modelli SMART, gestione partecipativa, gestione basata sul valore e gestione basata sulle competenze.

- Consigli: per seguire il metodo SMART un obiettivo deve essere specifico, misurabile, raggiungibile, realistico e limitato nel tempo.

- MBO è pensato per i responsabili delle risorse umane, i responsabili delle vendite, i responsabili operativi, i project manager, i consulenti interni ed esterni, ecc.

- MBO è pensato per i responsabili delle risorse umane, i responsabili delle vendite, i responsabili operativi, i project manager, i consulenti interni ed esterni, ecc.

ULTERIORI LETTURE

BIBLIOGRAFIA

Alexandre-Bailly, F., Bourgeois, D., Gruère, J-P., Raulet-Croset, N., Roland-Lévy, C. e Tran, V. (2013) *Comportements humains et management*. [4ª edizione]. Londra: Pearson.

Amaury. (2012) Management d'entreprise: trois exemples que tout oppose. *De geek à directeur technique*. [Online]. [Consultato il 25 giugno 2014]. Disponibile da: < http:// www.geek-directeur-technique.com/2012/07/04/mana-gement-dentreprise-trois-exemples-que-tout-oppose>

Delavallée, E. (2009) Management par les objectifs. *Manager-par-les-objectifs.fr*. [Online]. [Consultato il 25 giugno 2014]. Disponibile da: < http://www.manager-par-les-objectifs.fr/>

Drucker, P. (1954) *Le pratiche del management*. New York: Harper & Row.

Gélinier, O. (1980) *Direction Participative Par Objectifs*. Parigi: Éditions Hommes et techniques.

Guilbert, P. (2008) *Le B.A.-Ba du management*. Bruxelles: De Boeck.

Humble, J. W. (1970) *Management by objectives in action*. Londra/New York: McGraw-Hill Book Co Ltd.

Pericchi, J. (1992) *Guide du Management*. Parigi: Édition du Seuil.

Robbins, S. e Decenzo, D. (2004) *Management. L'essenzialità dei concetti e delle pratiche*. Londra: Pearson Education.

Rodgers, R. e Hunter, J. E. (1991) L'impatto della gestione per obiettivi sulla produttività organizzativa. *Journal of Applied Psychology.* 76(2).

Stahl, R. (2013) *Gestione, formazione e lavoro in équipe. Problemi di coaching e di intelligenza collettiva.* Bruxelles: De Boeck.

Vogliamo sapere la tua opinione!
Lascia un commento sulla tua biblioteca online
e condividi i tuoi libri preferiti sui social media!

Master ISBN: 9782808064842
ISBN cartaceo: 9782808065139
Deposito legale: D/2022/12603/100

Design digitale: Primento,
il partner digitale degli editori.